ENTRÉE

DE

FRANÇOIS Iᴱᴿ

A BOURG-EN-BRESSE

LE 1ᵉʳ OCTOBRE 1541

PAR

ET. MILLIET

Ancien Vice-Président de la Société littéraire, historique et archéologique de l'Ain ;
Membre correspondant de l'Académie de Mâcon.

A PARIS

CHEZ DETAILLE, LIBRAIRE, RUE DES BEAUX-ARTS, 10

A BOURG

CHEZ FR. MARTIN-BOTTIER ET GRANDIN, LIBRAIRES-ÉDITEURS

M DCCC LXXVII

BOURG, IMPRIMERIE J.-M. VILLEFRANCHE.

ENTRÉE DE FRANÇOIS Ier

A Bourg-en-Bresse

LE 1er OCTOBRE 1541

Sous le règne des ducs de Savoie comme sous celui des rois de France, les visites des princes et des souverains à leur bonne ville de Bourg, furent toujours une occasion de grandes dépenses que devaient supporter les habitants déjà si peu aisés; il fallait pour cela, et sans cesse, emprunter de l'argent ou aliéner par anticipation les revenus publics: plus on changeait, plus c'était la même chose, comme on dit aujourd'hui.

C'est vraiment, pour celui qui étudie notre histoire, un sujet de grande commisération que de voir la pauvreté de ce temps, et d'entendre les lamentations de ceux qui dirigeaient les affaires municipales. Le budget n'était pas chose facile à établir et à boucler. Les prévisions étaient toujours dépassées; il faut remarquer cependant, en thèse générale, que lorsqu'une ville veut obtenir ou des secours ou des dégrèvements d'impôts, il y a intérêt à assombrir la situation, à dépeindre la misère sous les couleurs les plus navrantes.

Depuis que notre pays avait été placé sous les rois de France, la première visite princière qu'il reçut fut celle du noble vaincu de Pavie qui, après avoir recouvré sa liberté, fit en trois semaines la conquête de notre province sur Charles III, successeur de Philibert-le-Beau, dont le splendide mausolée se voit dans l'église de Brou.

L'amiral Chabot, commandant les armées de François Ier, ravagea brutalement et sans pitié plusieurs de nos communes.

Il fallait néanmoins, et malgré cette fureur d'invasion, s'apprêter à recevoir dignement le roi-chevalier, ami des lettres, des arts et des fêtes.

Grâces aux *Recherches historiques* de M. de Lateyssonnière et aux Registres municipaux de la ville de Bourg, dont trois volumes ont été publiés par M. Jules Baux, nous connaissons aujourd'hui tous les détails de cette trop fastueuse et coûteuse visite; mais disons un mot tout d'abord de la façon un peu brutale qui précéda la prise de possession de notre pays.

Ce fut le 24 janvier 1530, que Guienne, héraut d'armes de François Ier, se présenta devant le conseil de notre ville, réuni au couvent des Frères Mineurs. Là se trouvaient aussi bon nombre de gentilshommes bressans avec les chanoines de Notre-Dame. Guienne était revêtu d'une tunique brodée aux armes du Roi, et accompagné d'un trompette qui sonna une fanfare; il annonça qu'il était envoyé par Philippe Chabot, amiral de France.

Guienne fit une sommation arrogante, disent nos vieux Registres, pour qu'on eût à jurer que « d'ores en avant » on serait loyaux serviteurs du Roy; il commanda non moins arrogamment qu'on eût « à ôter incontinent et sans délay toutes les armoiries des dites villes et places publiques et privées d'icelles et d'y placer les armoiries dudit Seigneur Roy et naturel Seigneur et au refus de le faire *j'ay charge expresse de vous défier à feu et à sang*, ce que je fais présentement au cas dudit refus. »

Le cas était difficile, comme on le voit, et plus qu'embarrassant; on savait que dix mille lansquenets s'avançaient à travers la Bourgogne vers notre pays de Bresse. Le Duc de Savoie ne pouvait nous être d'aucun secours, occupé qu'il était à batailler contre les Suisses.

L'Assemblée, après bien des débats, *post longas disputationes et consultationes*, prit le parti de la soumission, le seul possible, en se recommandant à la bienveillance du Roi uni d'ailleurs au Duc de Savoie par des liens de parenté. Le bailli de Bresse était alors M. de la Baume, seigneur de Perrex. La délibération, qui constatait l'acte de soumission, fut rédigée en latin, latin corrompu, francisé, mais souvent énergique dans l'expression.

Le jour suivant le héraut d'armes fut introduit dans la chambre du Conseil; on lui fit part de l'acte de soumission complète, en lui demandant qu'il fît de son mieux pour que la ville fût épargnée.

On lui offrit du vin, des confitures, toujours des confitures, selon la douce coutume de nos bons aïeux, avec un présent de vingt-cinq écus d'or au soleil. On n'est vraiment pas plus soumis ni plus gracieux ; François Ier n'était-il pas bon prince ? au fait payer au Duc de Savoie, payer au Roi de France, le régime ne différait guère : il fallait toujours débourser.

Les écussons aux armes de Savoie furent immédiatement enlevés et remplacés par les armoiries royales. Des députés furent envoyés auprès du Roi et de l'amiral. Parmi eux se trouvait le commandeur Antoine du Saix, auteur du *Blason* et de *l'Esperon de discipline,* ouvrages fort curieux.

Ce fut à Crémieux (Isère) que notre députation rejoignit l'amiral Chabot ; le commandeur du Saix porta la parole, expliqua sa mission. L'Amiral les engagea à gérer les affaires de la ville comme par le passé, leur annonça que le Roi ne tarderait pas à visiter Bourg et qu'aucuns *gens d'armes* n'entreraient à Bourg sans l'ordre exprès du Roi.

Ce fut le 7 septembre 1541, que fut dressé le programme pour l'arrivée de François Ier. — Il y aura un beau dais en velours violet ; — *item* des enfants blanc vêtus ; — *item* des arcs triomphants ; — *item* six belles juments à offrir au Roi, les plus belles que l'on pourra trouver, etc. On voit que notre pays était déjà fier de sa race chevaline.

Mais voici bien un grave contre-temps. Malgré tous les avis publiés à son de trompe, il ne s'est trouvé personne qui voulût prêter à la ville, et comme il fallait de l'argent à tout prix, on céda les onces de boucherie pour deux ans « au sieur Claude Mornay pour le prix de 400 écus d'or au soleil (1), à tous périls et risques ; le curial Bergier reçut l'acte.

Désormais donc on est lancé en pleine réjouissance : on retient fifres, tambourins, hautbois et autres semblables instruments pour la venue du Roi. Les compagnons *accoutrés* le mieux possible iront attendre S. M. avec l'enseigne de la ville portée par le secrétaire François Bachet ; le dais sera porté par les syndics, l'avocat

---

(1) L'écu d'or au soleil équivalait à 39 francs de notre monnaie.

Carronnier, M. Bachet, M. de Glarens et noble Léonard Garin. Le gouverneur prononcera le discours et offrira les clefs de la ville.

Mais les six belles juments n'étaient encore ni trouvées ni achetées : donc on nomma des experts comme Jehan Tirand et quelque maréchal pour en faire l'acquisition au plus tôt.

Alors surviennent les conflits de préséance suscités en ce temps-là comme aujourd'hui. Le gouverneur veut que le sieur Dubessey porte l'enseigne. De son côté voici le capitaine Mouton qui déclare qu'il se démettra de son office, s'il ne porte l'enseigne. Enfin c'est le sieur Dubessey qui eut cet insigne honneur.

Parmi les requêtes que l'on se décida à présenter au Roi, il en est une qui, aujourd'hui encore, doit fixer l'attention. Il s'agissait d'obtenir « licence du Roy de fère en ceste ville draps de soye, de tinctures pour iceux tyndre et trafficquer, donnant passeport par tout son royaulme, sans aucun impos, comme font ceux de Tours et d'ailleurs. »

Nous ne reproduirons pas tous les minutieux détails de l'entrée du Roi, les inscriptions latines ou françaises ; nous ne ferons pas la description du dais ni celle de l'habillement des enfants.

L'histoire des écriteaux, légendes, devises est curieuse cependant à étudier. L'une gravée en lettres d'or sur la porte d'entrée présentait ces mots :

Ecce rex tuus tibi venit mansuetus. — Un autre intitulé *Breysse* disait :

Speciosus forma præ filiis hominum. — Un troisième arc de triomphe intitulé *France* portait ces mots :

Dilectus mihi est ille qui pascitur in lilia.

On voit qu'il n'y a rien de nouveau sous le soleil.

Enfin le recteur de l'école avait composé le *huitayn* suivant qui fut placé devant son logis :

Franc cœur royal, prince prudent et fort
Magnanime à tous donnant confort
Viril pris d'honneur, seul de justice, père
Auteur de paix, d'union et d'accord
Sois à ton peuple de Bourg miséricord
En le gardant de mal et vitupère
Pour lui te fais obéissance entière
Très-chrétien Roy, d'icelui sois record.

C'est là un spécimen littéraire et poétique de l'état de l'instruction dans notre ville de Bourg, vers le milieu du XVIe siècle. La flatterie est de tous les temps, on le voit.

Le Roi fit donc son entrée solennelle le samedi 1er jour d'octobre 1541, vers l'heure des vêpres. L'on fit bondir l'artillerie de la ville ; et les six juments furent offertes par six enfants les menant par la bride ; elles étaient accoutrées de drap bleu semé de fleurs de lys (1).

François Ier a logé dans une maison de la Place, probablement la place d'Armes ; il n'a passé que la nuit et la matinée du lendemain à Bourg. Il se contenta de visiter les fortifications ; il repartit le 2 octobre, et, suivant le fidèle secrétaire de la ville « tirant contre Montrevel et Sainct-Trivier. »

On ne put donc lui adresser aucune des requêtes en projet.

Bientôt le bruit se répand que la Reine va venir à son tour visiter cette bonne ville de Bourg. Nouveaux embarras pour nos braves ancêtres ; il faut un autre dais en satin blanc, cette fois avec des franges convenables, bâtons et liteaux en conséquence.

Il s'agit aussi de quelque présent honnête. On se décida pour *douze pots de confitures de Valence et douze livres de Cottignie.* — Nos Brillat-Savarins modernes devraient bien nous révéler la recette et l'excellence de ces gourmandises.

La Reine ne vint pas, et tous ces frais furent inutiles. On rendit aux marchands les emplettes faites et aux *apothicaires* les confi-

---

(1) Les six belles juments et le poulain ont coûté 374 florins qui vaudraient aujourd'hui 2,144 francs.

tures et les torches qui devaient éclairer l'arrivée de la Reine.

Voici les justes observations faites ici par M. Jules Baux sur les mécomptes de notre population :

« Le chancelier sur lequel on se rabattit pour l'entretenir d'affaires était logé chez les Frères Mineurs ; il partit à son tour sans les entendre ; on courut après lui jusqu'à Pont-de-Vaux, où l'on parvint à obtenir de lui la création ou pour mieux dire la confirmation d'un juge d'appel à Bourg, c'est-à-dire d'une deuxième instance pour les affaires judiciaires. Un projet d'une très-haute importance pour la ville de Bourg, imaginé par le syndic Simon Palluat, et dont l'adoption eût vraisemblablement appelé la prospérité sur la ville de Bourg et changé ses destinées, projet qui consistait à obtenir du Roi l'autorisation d'établir à Bourg des fabriques de soieries et ateliers de teintures pour la soie, fut enfoui dans les cartons d'où il n'est pas encore sorti.

« Nulle part, autant qu'à Bourg, toute proportion gardée, la charité ne s'exerce avec plus de libéralité et de persévérance. On peut dire que la ville et les particuliers s'épuisent en dons de toute nature, distribués sous toutes les formes, pour subvenir aux besoins des classes nécessiteuses. Bien souvent nous nous sommes étonné que l'idée de créer une industrie à Bourg ne soit venue à aucun de ses administrateurs. Il n'est pas d'industrie qui, plus que celle de la soie, occupe à la fois autant de bras et offre des moyens aussi multiples à tous les âges, à tous les sexes. Indépendamment du bien-être matériel que cette industrie lui apporterait, la ville n'aurait-elle pas à y gagner sous le rapport de la moralité, en procurant à bon nombre de ses habitants une occupation honorable et lucrative et en allégeant le poids de la charité publique qui tend à s'aggraver disproportionnément.

« Ce projet, dû à l'initiative de Simon Palluat, ne fut malheureusement pas soutenu et poursuivi par ses successeurs au syndicat. Ne serait-il pas opportun, je le répète, de le reprendre aujourd'hui que les charges publiques sont devenues plus lourdes. »

Restait à payer des dépenses occasionnées par cette courte visite royale. Le règlement qui en fut fait présente des particularités assez curieuses.

« Payé à Antoyne Potier trois florins pour la façon de la couche de plomb qui fut faite pour la pucelle à la venue du Roy » c'était un mannequin versant du vin par les mamelles.

« Payé douze florins aux maitres Valerian et Perrinet pour faire les secrets de la pucelle et de la fontaine jetant les quatre éléments; on dut aussi « satisfayre aux artilleurs qui myrent à point l'artillerie et icelle furent conduit à la venue du Roy. »

Tout cela n'est-il pas charmant d'expression et de bonhomie.

On paya aussi quatre florins à l'avocat Carronnier qui avait composé les trois dictins mis sur les arcs triomphants. Tous ces détails fort curieux sur les usages du temps avaient échappé à Guichenon.

Le rédacteur si honnête et si dévoué des délibérations de la ville, celui à qui nous devons ces précieux registres, source de richesses historiques pour nos archives, était alors Hugonin Delestra, clerc et notaire considéré. Emu des malheurs qui frappaient successivement notre pauvre cité qu'il ne pouvait secourir, il demanda à se démettre de ses fonctions, vu sa mauvaise santé, et il consigne ainsi lui-même sa détermination dans le registre municipal :

« Par moy a esté faicte humble remontrance de la maladie en la quelle, long temps il y a, et encore de présent, suis détenu, au moyen de quoy ne puys fayre le service en l'exercice de clerc de la ville tel comme je vouldroys et appartient; donc ay supplyé très humblement à la communauté se vouloir pourvoir d'un aultre en mon lieu et me tenir excusé. »

Après cela il se plaint amèrement des misères du temps, de la *charité qui dort;* il faut y mettre ordre et empêcher qu'elle ne se perde, chose *de quoy Dieu ne serait pas content.*

Voilà un digne homme assurément; aussi, cédant aux supplications de ses concitoyens, il consentit à reprendre ses pénibles mais précieuses fonctions.

Notons ici un fait important dans nos annales, c'est qu'à partir de ce moment et pour se conformer à une ordonnance de 1539, il fallut renoncer à l'emploi du latin dans nos délibérations du conseil de ville ; elles furent donc désormais rédigées en français.

Depuis le voyage de François Ier dans notre province, voyage à peu près inutile au point de vue de nos intérêts, un seul point, ainsi que le constate M. J. Baux, avait paru éveiller la sollicitude royale, à savoir : la nécessité de presser avec plus d'activité que par le passé ces malheureuses fortifications qui avaient déjà coûté à nos pères tant d'argent et de sueurs.

Et pourtant, la salubrité même de la ville exigeait de grandes réparations; la plupart des canaux étaient obstrués; les immondices accumulées dans les rues engendraient infection, pestilence et maladies. Si l'argent et les bras eussent été employés en améliorations au lieu de l'être en fortifications, qu'il fallut démolir quelques années après, que de grandes et utiles choses eussent été accomplies par nos ancêtres.

En 1542, nous trouvons le syndic Forcrand occupé à confiner les gens atteints de la lèpre, et à préserver les habitants des dangers de cette maladie.

La même année François Ier écrit à ses chers et bien-aimés syndics de sa bonne ville de Bourg, pour leur annoncer qu'il a ordonné de rassembler les gens des trois États de Bresse, Bugey Valromey pour entendre leurs requêtes et remontrances touchant leurs pays et leurs seigneuries. Cette lettre est datée de Montreuil, 11 mai 1542.

Les délégués du Roi, pour entendre les doléances de la ville, furent l'illustre seigneur comte de Montrevel, le sieur Destigny, trésorier des finances, Jehan Buatier, maistre des comptes et noble Philibert Pra, trésorier de Bresse.

Toutefois, avant d'entendre toute plainte, le Roi demande d'abord à ses trois États la somme de 20,000 livres payables en trois années, commençant à la Saint-Martin, toujours pour subvenir aux dépenses des fortifications.

Toutes les remontrances des syndics et habitants contre cette nouvelle charge furent vaines. François Ier se trouvait de nouveau en guerre avec Charles-Quint; il avait avant tout besoin d'argent, et il n'épargnait pas ses *chers* sujets de Bresse. La situation de notre pays devint donc encore plus misérable que sous le gouvernement des ducs de Savoie. Bientôt on ne mit plus de douceur dans les demandes. Monseigneur *veult et entend* notamment qu'on entretienne deux juments pour porter les paquets du Roi.

Les vingt mille livres demandées furent immédiatement mises en recouvrement dans les trois provinces de Bresse, Bugey et Valromey. Parmi ceux qui essayèrent de se soustraire à cet impôt, nous voyons figurer *Claude-Nicolas Mye*, maistre en *cyrurgie et barberie*, qui se prétendait exempt de toutes contributions vu les services qu'il rendait. L'avocat de la ville, maistre Thomas Carronnier, ayant saisi le conseil de la réclamation, *Claude-Nicolas Mye* fut mis en demeure de prouver qu'il était vraiment *cyrurgien* par lui-même *actu manuali sine ministerio alicujus.*

Voilà où nous en étions alors au point de vue de la science médicale dans le pays qui devait plus tard produire Bichat, Récamier et Richerand.

En ce temps-là, les habitants se plaignaient déjà de l'exhaussement du moulin des Halles qui forçait les eaux de la Reyssouze à rester dans les chemins et coupaient les communications.

Au commencement de 1543, la lèpre faisait de nouveau de grands ravages dans certains quartiers; les syndics s'efforçaient de confiner chez eux les pestiférés, sans qu'ils pussent communiquer avec le peuple. On en fit transporter à la Maladière qui avait été construite au hameau de Saint-Roch, à deux kilomètres environ de la ville. Ce transport se faisait avec une certaine solennité. C'est au milieu de ces désolations que M. le Comte et Mme la Comtesse *veulent et entendent* se soustraire aux onces *de la chair* qu'ils achètent en boucherie.

Les fortifications de la ville étaient toujours poussées avec une grande activité en 1543; on abattait à droite, on abattait à gauche les maisons des habitants, Mgr de la Baume, gouverneur, fut obligé de désigner la maison des Chartreux de Sélignac pour recevoir les habitants qui se trouvaient sans asile par le fait de ces démolitions.

Advint encore une réclamation des infatigables et dévoués syndics pour supplier le gouverneur d'avoir à fortifier la ville

par dehors et non *par dedans* « si ainsi se peult fayre sans démolir les maisons, lui remontrant le gros dommaige de la ville, et
que plusieurs seraient contrants absenter icelle .. luy suppliant
en advertir le Roy et que son bon plaisir soit de fortifier par
autres moyens que par démolitions. »

Demande fort raisonnable assurément, mais inutile! Le brave
syndic consignait bien toutes ces réclamations sur son registre
avec des expressions très-énergiques dans leur naïveté. Ainsi l'on
proposait de supprimer certains détails comme trop navrants;
les syndics persistent en ces termes : « La requeste demeure en
son entier, veu qu'il ne peuvent fayre remontrance du dommaige
et ruyne de la ville sans narrer iceuls .. »

Nous passons ici des détails intimes sur la nomination d'un
manillié (sonneur) *suffisant* et *ydoine*; pour *idoneus*, il paraît que
c'était alors une grande affaire que celle de ce sonneur juré *in formâ*;
mais on voit aussi combien le latin laissait encore ses expressions
à peine transformées dans notre langue naissante.

Vers le milieu de 1543, le Roy fait prévenir les habitants d'avoir
à faire des préparatifs pour loger douze mille Suisses. « Les
queulx doivent faire leur monstre (revue) en cette ville dans le
8me jour de juillet prochain. »

Douze mille Suisses à loger dans une ville de 4,000 habitants,
population d'alors, c'était une nouvelle calamité qui allait s'abat-
tre sur la cité. Les syndics expédient courriers sur courriers, dépêches sur dépêches, soit à M. de Glarens à Paris, soit à M. Jehan
Galland, soit au Roy lui-même, dépensent force *escus au soleil*
pour ne pas être écrasés par le séjour de 12,000 hommes... Enfin
les 12,000 Suisses ne vinrent pas et ce fut très-heureux.

A la fin de 1543 la municipalité fut renouvelée. Les nouveaux
syndics se mirent en frais de nettoyages et réparations. « Que
l'on fasse, disent-ils, fermer la fontayne la Tardienne et que l'on
fasse venir les trompheurs (nettoyeurs), car c'est l'un des plus
beaux joyaux de la ville. Ce joyau a complètement disparu; on
ignore jusqu'à la place qu'il occupait. Il en est ainsi de beaucoup
de choses du passé.

François Ier revint encore à Bourg en 1546, dit M. de Lateyssonnière, et logea dans une maison de la rue Clavagry. Son chancelier, qui l'avait précédé à Bourg, reçut douze pots de confitures. Les petits cadeaux n'entretenaient guère l'amitié. — Guichenon dit qu'en cette année 1546, le « Roy fit faire ce beau bastion qui est entre la verchère et la porte de la Hasles. Qu'en reste-t-il aujourd'hui? quelques débris, çà-et-là dans les jardins qui s'étendent du clos de Varenne à la rue Prévôté.

Le Roy parcourut notre province, s'arrêta à Nantua, fut reçu par Jehan de la Forêt, 51e prieur, et logea au monastère.

Le règne de François Ier ne fut pas heureux pour notre pays; il pesa d'une façon lourde et impitoyable sur nos populations déjà affligées de disette et de maladies pestilentielles. On nous traita en pays conquis. Les intendants du Roy, ses officiers ne voyaient toujours que fortifications à faire ou à consolider. On faillit même, en 1544, démolir ce qu'il y avait d'achevé de notre belle église Notre-Dame, car voici ce que nous lisons dans le sommaire des archives de Bourg, dressé par M. Brossard, année 1544 : « L'ingénieur veut faire démolir l'église Notre-Dame qui gêne les fortifications; refus de la ville; menaces du gouverneur; réunion générale à ce sujet. On donne mille florins au gouverneur pour sauver l'église de la ruine. » N'est-il pas étrange, en vérité, qu'il ait fallu payer une contribution de mille florins pour empêcher la démolition d'un édifice aussi remarquable que celui que nous admirons encore aujourd'hui et où nous voyons les solennités religieuses se déployer avec tant de majesté. Quoi qu'il en soit, honneur à nos braves ancêtres qui nous l'ont légué au prix de grands sacrifices; ils comprenaient parfaitement les beautés de l'architecture, et ils ont mérité toute la reconnaissance des générations futures.

C'est de l'époque de François Ier que datent ces façades élégantes de quelques-unes de nos anciennes maisons, dont les croisées qui ont un cachet d'architecture sont larges, en belle pierre, à moulures en saillies et très-gracieuses; le jour y arrive abondamment. Dans l'origine, elles étaient entrecoupées par des meneaux comme dans la maison de la rue Bourgneuf, formant l'angle de la rue S¹-Dominique. Entre les deux fenêtres et sur l'arête de la maison sont des culs de lampe destinés à supporter des madones, témoignage de la foi religieuse de ce temps.

Mais les meneaux ont disparu dans les belles croisées des maisons de la rue des Halles, datant de 1522, dans les maisons de Choin et de Champdor, rue du Gouvernement, dans la maison Dufour, rue de l'Etoile, et dans celles de la rue Teynière. Ces vastes ouvertures, quelquefois avec pendentifs, à nervures très-accusées sont très-belles et riches ; elles fixent l'attention des artistes qui les ont dessinées, comme l'a fait M. Leymarie dans *l'Album de l'Ain*. La photographie ne les néglige pas non plus quand elle peut les saisir. Des élèves de l'école des Beaux-Arts de Lyon, venus en excursion à Bourg, ont eu l'obligeance de m'en laisser un dessin au trait bien exécuté que je conserve précieusement.

Ajoutons que l'intérieur de ces maisons est souvent fort curieux à visiter ; on y rencontre des blasons, des portes à arcs surbaissés et des galeries avec nervures sculptées. On y sent enfin tous les élans de la transition du gothique à la renaissance. Que le dessin se hâte de recueillir ce qu'il en reste sur divers points de notre ville, car si la fièvre de construction nous prend, beaucoup de ces habitations d'un autre âge tomberont sous le marteau démolisseur.

Lorsque François Ier traversa notre ville, l'église de Brou, cette merveille de Marguerite d'Autriche, était dans tout son éclat et dans toute sa splendeur, et le Roy, qui s'y connaissait, ne manqua pas d'aller l'admirer. Le souvenir de cette visite a fait l'objet d'un beau tableau de grande dimension qui se voit au musée de Bourg ; il représente les élégantes et grandes lignes de l'édifice. Dans le centre et devant le mausolée de Philibert-le-Beau, se trouve François Ier, suivi de ses chevaliers ; à gauche des religieux de l'ordre de Saint-Augustin qui occupaient alors le couvent de Brou, et que Marguerite d'Autriche avait fait venir d'Italie,

Cette belle toile, d'un pinceau sûr et ferme, est due à M. Mathieu ; elle porte la date de 1842, et fut donnée, en 1854, par le gouvernement d'alors à la ville de Bourg. L'histoire a consigné d'ailleurs que François Ier, après sa visite à Brou, fut ravi d'admiration disant : « Qu'il n'avait vu aucun Temple de telle excellence pour ce qu'il contenait. »

En effet, pour ce roi gentilhomme, protecteur des lettres et des arts, qui avait connu la gloire comme les dures misères de la captivité, son âme dut être vivement impressionnée sous ces arceaux dans toute leur fraîcheur, à peine sortis de la main de l'ouvrier, en face de ces mausolées représentant des morts aimés et décorés de tout ce que le ciseau Italien avait pu ciseler de coquetterie et d'ornement dans le marbre; François Ier n'était-il pas le fils d'une princesse de Savoie, et cette magnifique église n'avait-elle pas été élevée par Marguerite d'Autriche, la tante de Charles-Quint, son vainqueur à Pavie? — Il rencontrait partout des lacs d'amour et des devises; c'était la fin de la chevalerie. — Dans les vitraux ne voyait-il pas scintiller du plus riche éclat de l'or, de la pourpre et de l'azur, les blasons d'Autriche, de Bourgogne, de France et de Savoie, familles illustres par leur noblesse et leurs alliances; — mais aussi c'était, comme l'a dit un grand écrivain, le dernier soupir du moyen âge. Plus rien ne s'est fait depuis qui ait égalé ce monument dont chaque visiteur emporte une si profonde impression.

www.ingramcontent.com/pod-product-compliance
Lightning Source LLC
Chambersburg PA
CBHW061810040426
42447CB00011B/2569

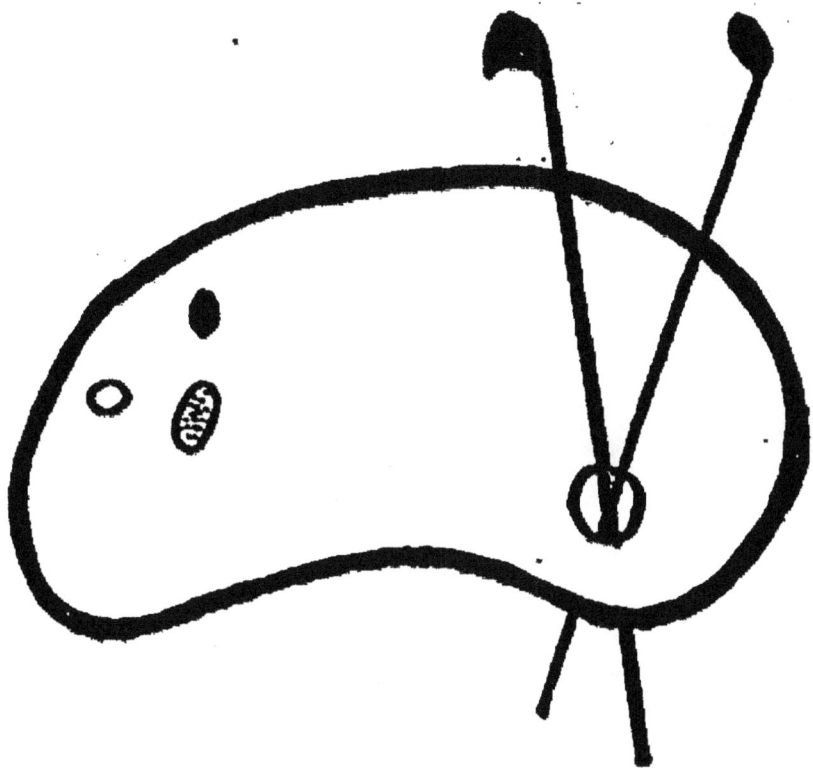

FIN D'UNE SERIE DE DOCUMENTS
EN COULEUR

NOTES NIVERNAISES

DEUX DONATIONS

FAITES AU

COUVENT DE LA VISITATION SAINTE-MARIE DE NEVERS

Au XVIIe siècle

LES PROTESTANTS EN NIVERNAIS

Au XVIe siècle

PAR

GASTON GAUTHIER

INSTITUTEUR,

Membre de la Société Nivernaise,
Correspondant de plusieurs Sociétés savantes

PUBLICATION DE LA SOCIÉTÉ NIVERNAISE
DES LETTRES, SCIENCES ET ARTS.

NEVERS
G. VALLIÈRE,
IMPRIMEUR DE LA SOCIÉTÉ NIVERNAISE,
91, avenue de la Gare
—
1898

DEUX DONATIONS

FAITES AU

COUVENT DE LA VISITATION SAINTE-MARIE DE NEVERS

Au XVII⋅ siècle.

———————

Les archives des Bordes (1) renferment divers documents concernant deux donations faites à la fin du dix-septième siècle, l'une par la dame des Bordes, l'autre par sa fille, au couvent de la Visitation Sainte-Marie de Nevers.

Nous résumons ici ces deux donations.

Louise d'Ancienville, dame des Bordes et marquise d'Époisses, femme séparée d'Achille de La Grange, comte de Maligny, possédait un contrat de rente de 10,000 livres en principal constitué à son profit le 24 septembre 1670 par Philippe Andrault de Langegeron et sa femme (2), devant Lage et Langu, notaires au Châtelet de Paris.

La dame des Bordes fit don de cette somme aux religieuses de la Visitation par contrat, reçu Taillan-

———

(1) Ces archives ont été données en 1897 à la Société nivernaise par le propriétaire actuel du château des Bordes, M. Vernin.

(2) Philippe Andrault de Langeron était alors comte de Langeron, Devaux, Cougny et autres lieux, premier gentilhomme de la chambre de S. A. Mgr le duc Danguin (sic). — Sa femme était haulte et puissante dame Claude Defaye Despesses (sic), dame d'honneur de S. A. Sérénissime Mme la duchesse Danguin.

dier et Casset, notaires à Nevers, le 20 juin 1672 (1).
Mais n'ayant point requis l'autorité de son mari, ou,
à son refus, celle de la justice, et craignant que ce
contrat ne fût valable, elle résolut de le ratifier, une
fois devenue veuve, ce qu'elle fit le 20 avril 1683 par-
devant les mêmes notaires (2).

Cette formalité fut remplie « à la grigle du grand
» parlouĕr *(sic)* du monastaire où estoient humble
» et devoste mère Marye Geneviefve Besée, supé-
» rieure; sœur Anne Gabrielle Doreau, assistante;
» sœur Jeanne Catherine de Saulieu; sœur Françoise
» Angélique Pommereuil; sœur Marie Espérance
» Gueneau, religieuses proffesses et conseillères dud.
» monnastaire ».

Toutes les autres religieuses, rassemblées dans le
parloir, au son de la cloche, délibérèrent « à la
» mannière accoustumée », et, par la voix de leur supérieure, remercièrent la dame des Bordes de sa géné-
rosité.

Puis « sous lauthorité et consentement de messire
» Noel de Rambault, prestre, docteur en droit civil et
» cannon, prieur de Saint-Honnoré et grand vicaire
» de Mgr Édouard Vallot, conseiller du roi en tous ses
» conseils, evesque de Nevers, supérieur et ordonna-
» teur dud. monnastaire, » les religieuses ont déclaré
accepter la donation proposée « aux charges et condi-
» tions que la donatrice avisera ».

Celle-ci, en présence des deux notaires susnommés,
subroge les religieuses en tous ses droits pour en jouir
après son décès, s'en réservant l'usufruit sa vie durant.

_____

(1) Cette pièce n'était pas aux archives, mais son existence est rappelée
dans l'acte confirmant la donation.

(2) Au dos de cette pièce, la dame des Bordes a écrit de sa main :
« Cet la segonde donation a cosse qu'on dit que la premiere ne vale
rien ».

Elle promet, en outre, garantir cette rente et ses
arrérages contre ses débiteurs personnels ; et, à cet
effet, hypothèque généralement tous ses biens et spé-
cialement « *la terre et seigneurye Dourqué, scise aux*
» *Amougnes* » (1).

L'acte de donation porte que cette dernière est
faite « à la charge que lad. dame Despoisses aura la
» quallité de bienfactrice dud. monnastaire... qu'elle
» pourra entrer et sortir dans led. monnastaire quand
» bon luy semblera avec deux personnes à sa suitte,
» sans que lesd. religieuses soient obligées de fournir
» aucunne chose pour la nourriture tant de lad. dame
» que de ses deux personnes ; comme aussy que lad.
» dame sera inhumée dans la sépulture des religieuses,
» sans qu'elles soient obligées aux frais funéraux, qui
» seront à la charge des héritiers de lad. dame ; et
» que tous les ans, à chascun jour qu'arrivera son
» déceds, lesd. religieuses fairont un service solennel,
» la communion generalle et fairont dire des messes
» pour le repos de son asme... »

Les religieuses consentent en outre « à deslaisser à
» ladite dame leur parloir dembas, qui est proche de
» lesglise, pour en faire ce que bon luy semblera ».

Il fut également convenu que si la rente abandonnée

(1) Elle remet aux religieuses la grosse du contrat de constitution por-
tant au bas procuration et ratification du comte de Langeron ; mais cette
somme ayant d'abord été prêtée par un sieur Guy Hizorée, conseiller et
médecin ordinaire de S. A. Royalle Mgr le duc Danguin, le 10 juin 1659,
par acte reçu Langlois et Lemoine et remboursée à sa veuve le 21 septembre 1670 ; la dame des Bordes remit en outre aux religieuses la grosse
passée au profit dudit Hizorée. Elle se dessaisit également de deux cahiers
en papier : l'un renfermant la copie du contrat de mariage de Mgr de
Richecour avec Jeanne-Marie Andrault de Langeron, en date du 6 juillet
1637 ; l'autre contenant la grosse de l'acquit de la dot de ladite dame de
Langeron, passée le 2 juillet 1650, et prouvant qu'il est entré dans le
paiement de cette dot la somme de 10,000 livres, empruntée du sieur
Hizorée.

était remboursée avant le décès de la donatrice, les deniers en provenant seraient remis aux religieuses qui en feraient l'emploi par elles jugé utile à leur couvent.

La minute originale, signée des notaires, de la donatrice, du vicaire général et des sœurs précitées, porte encore les signatures de trente-deux autres religieuses du monastère (1).

Le 6 juillet 1684, devant Gonneau et Casset, notaires royaux, l'évêque Vallot ratifiait le contrat du 20 avril 1683 et donnait son approbation aux faveurs demandées par la bienfaitrice.

Celle-ci, désireuse sans doute de s'acquitter de sa donation, verse en 1686 à Anne-Gabrielle Doreau, alors supérieure, une somme de 2,000 livres à valoir sur celle promise, ainsi qu'en témoigne une note insérée à la suite de l'acte de ratification de 1683 (2).

La dame des Bordes paie encore, le 18 novembre 1692, une somme de 4,400 livres « en monnoie d'or et

---

(1) Nous en donnons la liste parce qu'on y rencontre les noms de plusieurs grandes familles de l'époque.

Ce sont les sœurs Gabrielle-Hieronime Gascoing ; Marye Magdelaine de Brenja ; Claude-Françoise Prisye ; Anne-Marye Gorant (sic) ; Anne-Thérèse Gorrant (sic) ; Anne-Charlotte de Maumigny ; Marye-Agnès Bernard ; Catherine-Marye Depriandy ; Jeanne-Françoise Moireau ; Marye-Thérèse Pellé ; Catherine-Angélique Dieu ; Françoise-Augustine Chasseigne ; Marye-Tiénette Naquian ; Marye-Joseph Gaillard ; Claude-Marye Brisson ; Françoise-Gabrielle Deschamps ; Marye-Jacqueline Devaulx ; Anne-Alexis Gaillard ; Anne-Catherine de Vaucorbel ; Marye-Henriette Doreau ; Marye-Helaine Millot ; Marye-Hiasainte Prisye ; Anne-Thérèse Le Noix , Marye-Antoinette Bernard ; Marye-Eugénie Panseron ; Marye-Barbe Marceau ; Marye-Catherine Le Noyr ; Marye-Gabrielle Moquot ; Louise-Françoise Dechamps ; Marye-Françoise Panseron ; Louise-Catherine de Labussière ; Catherine-Gertrude Baillot.

(2) Cette supérieure étant décédée le 14 juin, ce fut la nouvelle supérieure, Catherine-Agnès Heurtault, qui constata, le 20 novembre, le versement de cette somme. Avec elle signèrent : Sœur Jeanne-Catherine de Saulieu ; sœur Gabrielle-Hieronime Gascoing ; sœur Marie Thérèze Pellé et sœur Françoise-Angélique Pommereul.

d'argent ayant cours », en présence de Billault, notaire royal à Nevers (1).

Enfin, le 14 février 1699, par devant Chevallier et Berthault, elle remet un acompte de 2,000 livres aux religieuses « qui déclarent employer cette somme au
» paiement de partye de l'acquisition quelles enten-
» dent faire de Mᵉ Marin Duplessis, procureur audit
» Nevers » (2).

On stipula dans cet acte, que le surplus étant porté au testament de la dame des Bordes (reçu par Berthault, juré, le 27 décembre 1698) serait payé aux religieuses en conformité dudit testament.

Nous ne savons — en l'absence de titres — si la donation faite au couvent par la dame des Bordes a été définitivement acquittée ; et, dans l'affirmative, à quelle époque et comment elle le fut ; mais une note insérée aux registres paroissiaux de Saint-Martin-d'Heuille rappelle que Louise d'Ancienville étant décédée le 19 mars 1704, à l'âge de quatre-vingt-six ans, fut inhumée « le samedy 22 mars, veille de Pâques,
» dans le monastaire des Saintes-Maries de Nevers ».

Ajoutons que son cœur fut porté, le 1ᵉʳ avril, à Avallon par Mᵉ Louis de Saint-Clivier, curé de Saint-Victor-les-Nevers, et Mᵉ Michel Leclerc, aumônier de la défunte, conformément au désir exprimé par la dame des Bordes, lors d'une donation de 3,000 livres faite par elle, le 17 août 1685, au couvent de la Visitation Sainte-Marie d'Avallon (3).

(1) Ce paiement est constaté par la pièce originale sur parchemin.

(2) Cette pièce est signée des sœurs Marie-Simone Bertrand, supérieure ; Marie-Marguerite Baillot ; Marie-Espérance Gueneau ; Louise-Françoise Deschamps ; Marie-Angélique Brisson et des notaires.

(3) Les religieuses reconnaissantes avaient fait apposer dans leur monastère un cœur en marbre noir — aujourd'hui conservé au musée d'Avallon — et rappelant le souvenir de cette fondation, dont le titre original, retrouvé au château des Bordes, a été publié par nous dans le *Bulletin de la Société d'études d'Avallon* (1897, p. 124).

Madeleine de La Grange, fille de la précédente donatrice et épouse du comte de Guitaud, suivit l'exemple
de sa mère.

Par son testament, en date du 17 mars 1667, elle
lègue en mourant, au couvent Sainte-Marie de Nevers,
une somme de 2,000 livres, une fois payée ; puis, aban-
donnant aux religieuses « tous ses points de Venize et
» ses aultres dentelles », elle demande « a estre enter-
» rée en lesglise de ce monastaire en habit de reli-
» gieuse ».

Toutefois, cet acte ne porte aucun renseignement
relatif aux funérailles et autres services religieux à
faire dans la suite.

LES

PROTESTANTS EN NIVERNAIS

Au XVIᵉ siècle

L'*Annuaire* du département de l'Yonne a publié en 1870, dans sa partie historique, une intéressante étude de M. Le Maistre (1) sur *Lézinnes et les sires de Lézinnes*.

L'une des nombreuses pièces justificatives qui complètent ce travail — le n° 12 — a trait aux protestants et nous y relevons divers renseignements relatifs au Nivernais (2).

Ils figurent sous ce titre :

Notes de quelques villes, villages, abbayes, couvents, églises, pris et saccagés par les protestants.

§ 1 (1560). — Prieuré et ville de La Charité pris et pillés; les catholiques massacrés.

Abbaye de Bellevaux, près Nevers, prise: église démolie, religieux massacrés.

§ III (1562). — Corbigny, pris en mai; Nevers, le 11 mai (3); Entrains, le 12 décembre.

(1) M. Le Maistre, receveur municipal à Tonnerre, membre de la Société des sciences historiques de l'Yonne, est l'auteur de plusieurs notices publiées dans le *Bulletin* de cette Société et l'*Annuaire* du département.

(2) Nous conservons les titres et les paragraphes du document original.

(3) Nous donnons ce dernier renseignement sous toutes réserves, car les histoires du Nivernais ne font aucune mention de la prise de Nevers, et plusieurs de nos confrères de la Société nivernaise prétendent que les protestants ne sont jamais entrés dans cette ville.

§ IV (1563), 29 janvier. — Corbigny pris : reliques brûlées, église profanée.

§ IX (1568). — Bellary, prieuré près La Charité: abbaye brûlée, abandonnée; religieux et prêtres subissent les plus indignes traitements.

Donzy et Entrains, pris.

Bourras (1), abbaye brûlée, religieux maltraités.

La Charité, prise et pillée.

Corbigny, abbaye de Saint-Martin, prise, incendiée.

§ X (1569), 3 octobre. — Prise de La Charité.

Champlemy, ruiné.

La Charité, scènes de cruautés et même de carnage, surtout sur les prêtres et les religieux. Les curés de Sainte-Croix, Saint-Pierre, Saint-Jacques, retenus par les rebelles.

Cosne. abbaye de Saint-Laurent; Donzy, chapelles et églises pillées.

§ XI (1570), mai. — Prise de La Charité.

6 juillet, le prieuré de Saint-Symphorien (2) (Nièvre) dévasté et incendié.

Juillet. — Coligny ravage le Morvan. La Chartreuse d'Apponay (3) est réduite à ses murs. Bellevaux, abbaye prise et brûlée.

Courtemer (Nièvre) ruiné ; pays déshabité.

Entrains, pris par les rebelles.

Gâcogne, l'église et le presbytère brûlés par les protestants de Corbigny.

Moulins-Engilbert, ruiné et brûlé.

Préporché, église brûlée.

Saint-Honoré, Vandenesse, églises incendiées.

---

(1) Commune de Saint-Malo, près Donzy.

(2) Saint-Symphorien, en Beaujolais (au duc de Nevers).

(3) Près Rémilly.

§ XII (1572). — L'abbaye de Bourras pillée, incendiée et presque détruite.

Le paragraphe XIII comprend des *notes sur quelques faits dont les dates ne sont pas précisées* (1).

Arrebourse (2), abbaye prise par les rebelles.

Billy, pillée et ruinée par les excursions protestantes.

Bouy, près Ratilly; Bulcy, près de La Charité, et Sully, le curé détenu par les rebelles.

Cessy, prieuré occupé par les rebelles.

Celle-sur-Nièvre, Chassenay (3), le curé enlevé et retenu par les protestants.

Châteauneuf, près Donzy, pris par les rebelles.

Ciez, prieuré, cure délaissée.

Corbelain (4), le juge jeté à l'eau.

Couloutre, proche Ratilly, cure totalement ruinée.

Cours, près Ratilly, cure délaissée.

Dampierre-sur-Nièvre (5), château détenu par les rebelles.

Dampierre-sous-Bony (6), prieuré délaissé.

Entrains, cure occupée par les rebelles.

Lespau (7), prieuré près de Donzy, abandonné.

Menestreau, ruiné.

Nannay, Narcy, Mesves, Murtin (8), cures détenues par les rebelles.

Oisy, cure abandonnée.

Parroy (9), près Donzy, cure abandonnée.

(1) *Annuaire*, p. 291.
(2) *Lire:* Arbourse.
(3) *Lire:* La Celle-sur-Nièvre et Chasnay.
(4) Près Varzy.
(5) *Lire: Dompierre-sur-Nièvre.*
(6) *Lire:* Dampierre-sous-Bouhy.
(7) *Lire:* l'Epau.
(8) *Lire:* Murlin.
(9) *Lire:* Perroy.

Pogny (1). Pouilly, cure et pays abandonnés, pris par les rebelles.

Le Pré, cure de Sainte-Marie, prieuré de Notre-Dame retenus et ruinés par les rebelles lors de la prise de Donzy.

Ratilly, Raveau, cure prise et retenue par les rebelles.

Saint-Amand, près Ratilly, cure délaissée.

Saint-Andelin (2), cure; Saint-Laurent, abbaye; Saint-Malou (3), aux calvinistes.

Saint-Quentin, cure aux rebelles.

Sculey (4), près La Charité, détenu par les rebelles.

Surgy, cure détenue par les gens de la nouvelle religion.

Tronçoy (5), cure de Saint-Martin, détenus par les rebelles.

Varennes, Viel-Mannay (6), cures aux rebelles.

Quelque concis qu'ils soient, ces renseignements nous ont paru présenter un certain intérêt pour l'histoire du protestantisme en Nivernais. C'est pourquoi nous les avons donnés ici.

---

(1) *Lire :* Pougny.
(2) *Lire :* Saint-Andelain.
(3) *Lire :* Saint-Malo.
(4) *Lire :* Sully-la-Tour.
(5) Aujourd'hui : Saint-Martin-du-Tronsec.
(6) *Lire :* Vielmanay.

Nevers, imp. D. Vallière.

124.

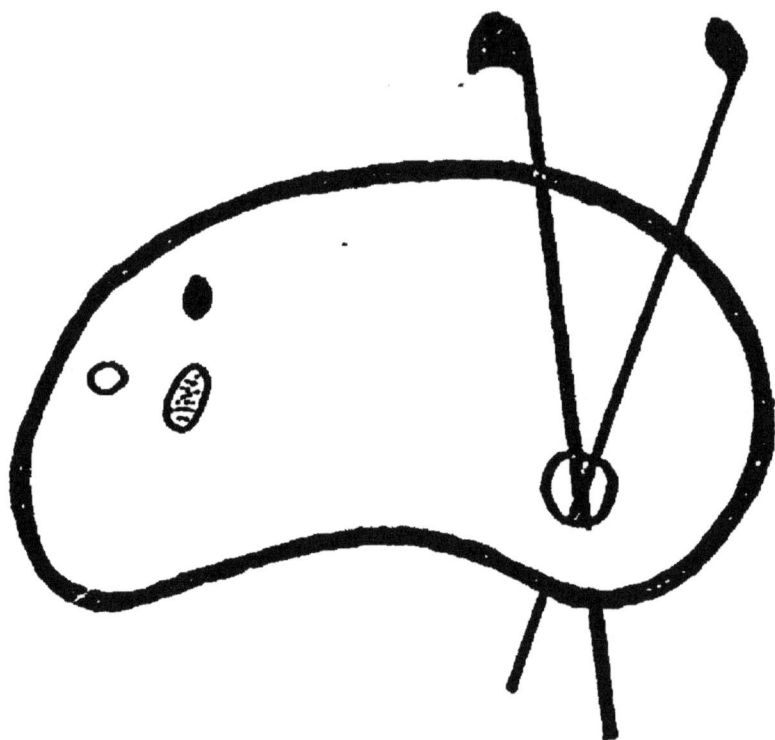

ORIGINAL EN COULEUR
Nº Z 43-120-8

www.ingramcontent.com/pod-product-compliance
Lightning Source LLC
Chambersburg PA
CBHW061801040426
42447CB00011B/2414